El lenguaje secreto de las parejas exitosas

Bill y Pam Farrel

EDITORIAL PORTAVOZ

La misión de *Editorial Portavoz* consiste en proporcionar productos de calidad —con integridad y excelencia—, desde una perspectiva bíblica y confiable, que animen a las personas a conocer y servir a Jesucristo.

Título del original: *The Secret Language of Successful Couples,* © 2009 por Bill y Pam Farrel y publicado por Harvest House Publishers, Eugene, Oregon 97402. Traducido con permiso.

Traducción: Rosa Pugliese

Las cursivas en los versículos bíblicos son énfasis de los autores.

EDITORIAL PORTAVOZ
2450 Oak Industrial Dr. NE
Grand Rapids, MI 49505 USA
Visítenos en: www.portavoz.com

ISBN 978-0-8254-5619-0 (rústica)
ISBN 978-0-8254-6414-0 (Kindle)
ISBN 978-0-8254-7876-5 (epub)

1 2 3 4 5 edición / año 24 23 22 21 20 19 18 17 16 15

Impreso en los Estados Unidos de América

Printed in the United States of America

Contenido

1. Descubre cuál es tu lenguaje secreto 5
2. El misterio del amor 24
3. El afecto 44
4. La recreación 68
5. Cómo resolver los conflictos 89
6. La intimidad 109
7. Se activan las alarmas 133
8. Metas de oro 156
9. Expresa tus sentimientos 184
10. El acceso a tu lenguaje secreto 206

A Bret y Erin:
¡Feliz 25 aniversario!
¡El amor de ustedes es inspirador!

A nuestros amigos, familiares y personal de apoyo:
¡El amor de ustedes es esencial!

A nuestro equipo y nuestra casa editorial:
¡El amor de ustedes es alentador!

A nuestros lectores:
¡El amor de ustedes es una luz!

1

Descubre cuál es tu lenguaje secreto

Nos fijamos en la página web cómo era el hotel y nos agradó ver que la habitación incluía acceso inalámbrico a Internet gratuito. Cuando entramos a la habitación, descubrimos que necesitábamos el nombre de usuario y la contraseña para tener acceso a la conexión.

—Hola, habla Bill de la 213. ¿Podría darme el nombre de usuario y la contraseña de Internet?

—Segulo [seguro], señol [señor]. Es muy simple —dijo el recepcionista.

Tomé una hoja de papel y un lápiz, y le dije:

—De acuerdo, ¿cuál es el nombre de usuario?

—Es Cleel —dijo el hombre.

—¿Cleel? ¿Me lo puede deletrear?

—Segulo, es simple. C con mayúscula, ele, e, e, ele.

—¿Quiere decir Calel? —le pregunté.

—No, no es Calel. Es C con mayúscula, ele, e, e, ele.

Lo dijo más lento y con voz más fuerte esta vez, pero sonaba igual.

—Mejor intentemos con la contraseña y luego volvamos al nombre de usuario —le dije con la esperanza de prepararme para descifrar su lenguaje—. Entonces, ¿cuál es la contraseña?

—Está bien. Es fácil. Es Tleslalgotles.

—¿Me lo puede deletrear?

—Segulo, es fácil. Tles, ele, a, ele, ge, o, tles.

—Enseguida bajo —le dije.

Bajé hasta la recepción. El hombre que trabajaba allí era muy servicial, pero estábamos teniendo algunos problemas de comunicación.

Por eso, me escribió los datos en una hoja para que, finalmente, pudiera acceder al sistema y obtener lo que necesitaba:

Nombre de usuario: Creer

Contraseña: 3largo3

¿Qué has dicho?

¿No te has sentido igual alguna vez en tu matrimonio? Anhelas tener una conexión emocional, relacional, espiritual y física. Quizá esperabas que fuera tan simple como lo era cuando estaban de novios o en la luna de miel. En cambio, en vez de poder leer los pensamientos, los sentimientos y los estados de humor de tu cónyuge, te sigue apareciendo "error" cuando tratas de acceder a su corazón. En vez de lograr una conexión de corazón a corazón, recibes el mensaje que dice: Tarea: "enviando correo.entenderatucónyuge.com" reportó error (no tienes suerte): "La operación ha sido interrumpida al tratar de descifrar un mensaje de la bandeja de salida (CÓNYUGE). Si sigues recibiendo este mensaje, instala tu lenguaje secreto y reenvía tu mensaje".

Estamos rodeados de códigos

Es posible tener un matrimonio bueno y sin complicaciones, pero tienes que conocer y usar el lenguaje secreto o código de acceso que te permite mantener una conexión buena y activa con tu cónyuge. Estamos rodeados de códigos.

Tenemos códigos de acceso para puertas y cuentas bancarias. Tenemos contraseñas para computadoras personales y profesionales, y sitios web interactivos. Tenemos controles remotos para nuestros automóviles, televisores y sistemas de cine en casa. Y nos fascinan los espectáculos de investigadores que tratan de decodificar los misterios de la vida. En realidad, hemos encontrado una manera de hacer que el trabajo tedioso de los forenses, la investigación en la escena del crimen y el diagnóstico de enfermedades parezcan una actividad recreativa divertida.

Es posible tener un matrimonio bueno y sin complicaciones, pero tienes que conocer y usar el lenguaje secreto o código de acceso que te permite mantener una conexión buena y activa con tu cónyuge.

Recibimos indicaciones de un GPS, encontramos códigos de barras en todo lo que compramos, y nos hemos acostumbrado a las tarjetas de crédito que contienen información de suma importancia en sus cintas magnéticas. El ejército usa códigos que mantienen la seguridad de nuestra nación. Las empresas usan códigos para localizar clientes, detectar patrones de compras y como medida preventiva de los sistemas de inteligencia.

Los lenguajes secretos vienen en todas formas y tamaños, y pueden ser muy útiles en ayudarnos a adquirir confianza e información.

Tú tienes un código

Por lo tanto, ¿cuál es "el lenguaje secreto de las parejas exitosas"? Es una combinación de nombres de usuario y contraseñas que dan acceso a las mejores partes de la relación. Cuando estos códigos están en funcionamiento, la relación parece ser relativamente fácil. La manera de interactuar, amarse, discutir y tomar decisiones es gratificante para la pareja. Cuando no existen códigos, todos los sistemas de la relación son complicados. La pareja fracasa en sus intentos de conectarse emocionalmente, el amor de uno por el otro es elusivo, y parecen disentir casi en todo.

Las siguientes son verdades importantes que necesitas saber sobre tu lenguaje secreto:

- Es obvio: si conoces el código, habrá armonía en la relación.
- Es muy obvio: cuando *no* ingresaste un código, casi no hay armonía en la relación.
- Colocar el código de acceso que da entrada a la relación es un ejercicio diario.
- El código matrimonial está basado en las necesidades más comunes que tienen los hombres y las mujeres.

Puede que te estés preguntando: ¿Por qué necesitamos un código para entendernos uno al otro? ¿No podría ser más simple? ¿No podemos descubrir el ritmo de nuestra relación y mantenerlo? Lamentamos decirte que no es tan fácil. Ustedes son muy distintos uno del otro, y tienen necesidades intrínsecamente diferentes. Esas necesidades dan forma a su manera de ver la vida e interactuar.

Entonces, ¿cuáles son esas necesidades intrínsecas? Cada persona tiene la necesidad de estar segura y ser exitosa. *Seguridad* es creer que no corro riesgos al ser quien soy. En algún momento de tu vida, te das cuenta de que solo tienes cierto control de las cosas. Tienes una personalidad que determina tus preferencias y motivaciones. Has sido creado, ya sea hombre o mujer, con todas las dificultades hormonales, emocionales y sociales que son propias de tu sexo. Tienes cierto nivel de habilidades y talentos intelectuales que puedes implementar en tu vida. Finalmente, tienes un cuerpo que es excepcional en sus capacidades, pero vulnerable a tu entorno. En consecuencia, debes dedicar energía de tu vida a desarrollar y mantener un entorno seguro para ti y para aquellos que amas.

Éxito es creer que todo en mi vida es posible. Puedo hacer lo que se requiera de mí en las ocupaciones y responsabilidades que me competen. Estas incluyen tener una carrera productiva y hacer suficiente dinero para sostener la familia; pero no se limita a esto. El sentido del éxito también abarca la manera de interactuar uno con el otro, criar a los hijos, cuidar el cuerpo, manejar el estrés, tomar decisiones y administrar el tiempo. También se expresará en tu sentido del propósito. Tal vez no puedas definirlo claramente, pero tienes un sentido de la importancia de tu vida, y la vida te gusta más cuando sientes que es importante.

Un ejercicio de equilibrio

Cuando eran solteros, probablemente eran buenos para mantener estas necesidades en equilibrio. Puesto que podían tomar todas las decisiones de su vida, eran libres de enfocarse cuanto quisieran en la seguridad y cuanto quisieran en el éxito. Cuando eran novios, quizá también fuera relativamente simple mantener el equilibrio con aquello que más los hacía sentir bien, porque siempre podían volver a su casa al final del día. Aunque hubieran pasado un mal momento, naturalmente, se tomaban un descanso uno del otro, restablecían el equilibrio como individuos y luego volvían a estar juntos.

Después decidieron casarse. Como pareja, probablemente descubrieron que ven la seguridad y el éxito de manera diferente.

La búsqueda de la seguridad

Para la mayoría de las mujeres, la seguridad es una necesidad más fuerte y común que el éxito. No es que no queramos tener éxito; pero lo vemos como un medio para ofrecer seguridad. La necesidad de sentirnos seguras es la que sentimos más a menudo, y determina la calidad de todo en nuestra vida. A los hombres les suele costar entender esta necesidad de seguridad, porque abarca toda nuestra vida y cambia de aspecto rápidamente. Nuestra seguridad incluye:

- Seguridad física.
- Tener dinero suficiente para suplir las necesidades de nuestra familia.
- Ser valoradas por las personas que más amamos.
- Tener la oportunidad de expresarnos y dar a conocer nuestras convicciones.
- Tener la oportunidad de ser productivas.
- Tener un lugar al cual llamar hogar.
- Tener tiempo para cuidar de nosotras mismas.
- Que nos mimen de vez en cuando.
- Saber que mi esposo se ocupa de las cosas que son importantes para mí.
- La libertad de ser quien soy hoy.

Sin lugar a dudas, la última frase: "La libertad de ser quien soy hoy" es la clave de lo que significa estar segura. Como mujeres, nuestras vidas cambian constantemente. Comienza con el "regalo" de la menstruación.

Esta parte encantadora de nuestra vida garantiza que nuestras emociones, nuestro cuerpo y nuestra perspectiva de la vida estén en constante movimiento. Algunos días nos sentimos excelentemente bien y estamos listas para enfrentar cualquier reto. Otros días, nos sentimos hinchadas, feas y sin valor. E incluso tenemos días que estamos tristes y ansiosas, y reaccionamos de forma exagerada. ¡Y estos días se repiten mes tras mes! En consecuencia, resulta muy "interesante" vivir con nosotras. Podrías tener una pista de que tu esposa está bajo los efectos del síndrome premenstrual cuando:

- En vez de leer la revista *Glamour* empieza a leer *Armas y municiones*.
- Come chocolate como si fuera el principal grupo alimenticio.
- Te compra una camiseta con un blanco de tiro en la parte delantera.

- Le pides que te pase la sal en la cena, y dice: "¡Todo lo que hago es dar, dar y dar! ¿SIEMPRE TENGO QUE HACER TODO YO?".

En nuestro corazón, anhelamos encontrar a alguien que nos acepte y nos ame cuando tenemos un día bueno y cuando tenemos un día malo. Tenemos el temor silencioso de que nuestros cambios emocionales finalmente terminen por alejar a nuestro esposo, lo cual hace esta necesidad aún más consciente. En consecuencia, a menudo respondemos a nuestro esposo con un arrebato o con nuestro silencio. Nuestras reacciones tienden a ser tan fuertes que, en realidad, nuestro esposo piensa que estamos seguras de lo que estamos haciendo.

Esta seguridad malinterpretada muchas veces aparece en nuestras palabras. Se ha demostrado que las mujeres podemos sentir cuando algo está mal en las relaciones importantes de nuestra vida. Cuando percibimos esto, empezamos a hablar del problema. Quizá no sepamos exactamente cuál es el problema; solo sabemos que hay uno. Nuestro pobre esposo piensa que sabemos cuál es el problema, porque abordamos la conversación con mucha vehemencia. No queremos admitir que estamos tratando de averiguar cuál es, porque eso nos haría sentir incompetentes e inseguras. Puede que incluso seamos conscientes de que somos incoherentes, pero seguimos hablando con la esperanza de que él nos tolere.

Bill y yo estábamos sentados en mi computadora trabajando juntos en un proyecto. No sabía por qué, pero estaba enojada con él. Todo lo que él me decía me irritaba. Sus ideas me parecían propuestas autoritarias. Sentía una extraña resistencia en mi corazón a todo lo que él quería hacer. Bill intentó varias veces, pero fue en vano.

Frustrado, al final dijo abruptamente: "¡Vaya! Parece que me extrañas, ¿verdad?".

Fue como si me hubieran sacado un tapón, y toda mi frustración se fue de mí. Él había adivinado que estaba así a causa de mi necesidad emocional de seguridad. Su horario de trabajo había sido tan caótico durante ese tiempo de nuestra vida, que me empecé a preguntar si él pensaba que yo era más importante que su trabajo y si alguna vez volvería a tener su total atención. El solo hecho de que él notara mi dolor fue suficiente para ser libre. Inmediatamente me relajé en mi silla, le sonreí a Bill y con timidez le dije: "Sí, ¿te diste cuenta?".

Desde luego, se pudo dar cuenta. Me lo acababa de decir, pero yo quería escucharlo de él.

Su compasión y aceptación de quién era yo cambió el ambiente durante el resto del día. Para mí era uno de esos días cuando, como mujer, las cosas parecían agobiantes y necesitaba escuchar que estaba segura con Bill. Todavía sigo luchando con la frustración, pero lo enfrentamos juntos en vez de desquitarme con él.

El camino al éxito

Para la mayoría de los hombres, el éxito es una necesidad mucho más fuerte y común que la seguridad. No es que no queramos estar seguros; simplemente, sacrificaremos la seguridad a fin de hacer aquello que más sabemos hacer. La necesidad de sentirnos exitosos predomina en nosotros y determina la calidad de todo en nuestra vida. La perspectiva que los hombres tenemos sobre el éxito a menudo es confusa para las mujeres, porque no siempre tiene que ver con ser productivos. Se trata de invertir nuestro tiempo, dinero y energía en las áreas de la vida donde sabemos que somos capaces. Nos motiva en gran manera enfocarnos en estas áreas. Al mismo tiempo, no nos interesa en absoluto las áreas de la vida donde no nos sentimos capaces. Por lo tanto, nuestro éxito incluye:

- Descubrir qué hacemos bien y qué no hacemos bien.
- Invertir tiempo en las cosas que hacemos bien.
- Evaluar nuestra vida basados en lo que hacemos bien.
- Hacer el fiel compromiso de hacer lo que hacemos bien.
- Evitar las áreas de la vida que no funcionan.
- Querer pasar la mayor cantidad de tiempo en aquellas cosas por las cuales recibimos más elogios.
- Desear que las relaciones sean lo más simples posibles, de tal modo que nos aseguren el éxito.
- Querer una vida que parezca sencilla y fácil, conforme a nuestra capacidad en la mayoría de las tareas que debemos cumplir.

La frase que mejor describe la necesidad de éxito del hombre es que él hará el "fiel compromiso de hacer lo que hace bien". La mayoría entendemos esto cuando un hombre se compromete a ser productivo. Si está ocupado en el trabajo, en el entrenamiento del equipo deportivo de sus hijos y en mantener el hogar, el jardín y el automóvil, lo admiramos. Sabemos que muchos hombres pueden obsesionarse por estas cosas e ignorar aquellas que le preocupan, y esto parece ser una lucha natural.

Es un poco más confuso cuando un hombre decide tener éxito como alguien que rinde por debajo de su capacidad. Estas necesidades primarias —seguridad y éxito— son definidas por uno mismo, de modo que el éxito significa una cosa para un hombre y, otra cosa, para otro hombre. Un hombre que recibe constantes críticas, especialmente durante su niñez, podría concluir que es bueno en su condición de perezoso o incapaz. Cuando llegue a esa conclusión, se abocará firmemente a rendir por debajo de su capacidad. Podrás señalarle sus defectos, retarlo a actuar e indicarle la manera de prosperar, y él seguirá rindiendo por debajo de su capacidad, porque cree que es lo que mejor sabe hacer.

Es común para un hombre ser sumamente productivo en algunas áreas de la vida, mientras que carece de confianza en otras. Esto afecta la relación matrimonial porque pone mucho esfuerzo en las áreas donde es hábil, mientras trata de evitar las que representan un reto para él. Esta es una lucha, porque es posible que se sienta deficiente donde su esposa es fuerte.

Por ejemplo, un deseo común que escuchamos en las esposas es: "Desearía que mi esposo hablara más conmigo". O "¿cómo hago para que mi esposo se abra más conmigo?". Comparados con las esposas, la mayoría de los esposos sienten que se quedan atrás a la hora de hablar. Ella habla más rápido que él, cambia de tema más rápido de lo que él puede seguirla y se fortalece en la conversación. Él se siente superado desde el principio, mientras trata de averiguar el rumbo de la charla. Todo lo que él dice es como una llave que le da más tema para hablar a su esposa. Cuando la conversación termina, es probable que él esté cansado. Con el tiempo, concluye que no es uno de sus fuertes, de modo que empieza a evitar las conversaciones en pro de actividades que lo hagan sentir exitoso.

Por consiguiente, el lenguaje secreto no es instintivo. El nombre de usuario y la contraseña que darán al hombre acceso a una relación viable con su esposa es:

Nombre de usuario: *Esposo*

Contraseña: *Seguridad*

La contraseña que el hombre preferiría ingresar es *éxito*. Él se siente a gusto con este enfoque de la vida y desearía que se hiciera realidad. Su mayor deseo es ayudar a su esposa a lograr lo que ella quiere hacer en la vida.

- Cuando ella habla de un problema que está enfrentando, él quiere resolverlo y ser su héroe.
- Cuando él siente que ella está frustrada con su vida, él concluye que a ella le iría mejor si consiguiera un trabajo y empezara a ser más productiva.
- Él quiere tener conversaciones simples con decisiones directas.
- Él quiere darle consejo sobre cómo controlar sus emociones, ser fiel a sus compromisos y ser coherente.

No tiene idea de que todos estos mensajes la hacen sentir insegura en la relación, porque ella no puede ser quien realmente es. En cambio, siente como si frente a su marido tuviera que actuar como él quiere que ella sea. Sabe dentro de su ser que las relaciones no deben ser así, entonces se vuelve argumentativa o terca.

El lenguaje secreto se activa cuando el hombre aprende a ingresar *seguridad* como la contraseña. Hace esto cuando tiene por objetivo suplir la necesidad de seguridad de su esposa antes que cualquier otra cosa. Cada vez que ella recibe el mensaje de él: "Estás segura conmigo, y está bien que seas como eres ahora", su corazón se siente atraído hacia él, y se relaja en la relación.

Es una habilidad que los hombres deben adquirir, porque va en contra de sus instintos.

El nombre de usuario y la contraseña que dará acceso a una mujer a una relación segura con su esposo es:

Nombre de usuario: *Esposa*

Contraseña: *Éxito*

La contraseña que la mujer preferiría ingresar es *seguridad*. Ella se siente a gusto con este enfoque de la vida y desearía que fuera una realidad. Su mayor deseo es conectarse con su esposo a un nivel emocional, social, recreativo, espiritual y financiero. Quiere explorar la relación y ayudar a su esposo a experimentar la plenitud emocional con la que ella vive.

- Cuando ellos hablan, ella quiere lograr una conexión emocional con su esposo.
- Quiere que su esposo se preocupe por la vida de la misma manera que ella.
- Cuando él está frustrado con la vida, ella supone que él estará mejor si habla de eso.
- Quiere darle consejo sobre cómo tomar mejores decisiones, cómo relacionarse mejor con las personas y cómo desarrollar mejores hábitos.

Todo esto está basado en una motivación sincera, pero que lo hace sentir controlado, no respetado. Él empieza a concluir que no puede hacer lo suficiente o que no puede hacer lo que sabe hacer para complacerla. Las conversaciones que solían ser amenas ahora adquieren un tono defensivo.

El lenguaje secreto se activa cuando las mujeres aprenden a ingresar *éxito* como la contraseña. Ella hace esto cuando tiene por objetivo crear un ambiente donde su esposo pueda tener éxito con ella. Cada vez que él recibe el mensaje: "Me encanta tu manera de vivir y me encanta tu manera de amarme", su corazón es atraído hacia ella, y él adquiere confianza en la relación.

También es una habilidad adquirida para las mujeres, porque va en contra de nuestros instintos. Los hombres concluirán que la relación marcha bien cuando vean lo siguiente:

- Pasar tiempo con su esposa disminuye el nivel de estrés en su vida.
- Toma decisiones y las lleva a cabo.
- Hay risa cuando pasa tiempo con su esposa.
- Él tiene tiempo para cumplir con sus compromisos.
- Su esposa le sigue coqueteando.
- Recibe elogios por sus esfuerzos de cultivar la relación.

La curva de aprendizaje

Cuando recién nos casamos, no éramos conscientes de nuestro lenguaje secreto. Pam era tan fácil de tratar cuando éramos novios, que pensé que sería la persona más sencilla a la hora de convivir. Era una mujer llena de energía, se reía todos los días y tenía una dedicación natural en ayudar a otros a crecer y a aprender más de Jesús. Nunca hubiera imaginado que la inseguridad podría interrumpir sus días y retar mi confianza en nuestra relación.

Bill era tan sereno y flexible a los cambios y tan consagrado a Jesús, que me imaginé que sería sencillo vivir con él. Sinceramente, creía que se adaptaría a cualquier cambio emocional de mi vida, que haría frente a los retos y que se mantendría firme durante cualquier situación estresante que enfrentáramos. Nunca hubiera imaginado que su necesidad de éxito podría volverlo terco y distante.

Recuerdo (Bill) la primera vez que tomé consciencia de lo intensa que era la necesidad de seguridad de Pam. Afloró en nuestra luna de miel. Fuimos a un centro turístico en la montaña para pasar una semana en intimidad y conocernos más el uno al otro. Pam era crítica con ella misma todo el tiempo: no era muy alta, su piel no era muy suave, su cabello era demasiado rizado, su voz era demasiado chillona, etc., etc. Tuve que darle confianza como nunca lo había tenido que hacer con nadie. Estaba feliz de hacerlo, pero desde luego, no lo había previsto.

Después de esa semana, viajamos a Idaho para estar con su madre durante algunos días y asistir a una recepción en nuestro honor con su familia y amigos. Durante nuestra visita, Pam empezó a comportarse de manera difícil y autoritaria, así que sus hermanos empezaron a hacerle bromas. Me pareció que era la típica interacción que suele haber entre hermanos, pero Pam se ofendió. Me encontré en medio de esas bromas y me empecé a reír, lo cual enojó aún más a Pam. Me clavó una mirada que me provocó escalofríos y se fue furiosa a nuestra habitación. No hace falta tener un título superior para darse cuenta de que algo estaba mal, de modo que la seguí.

—Pam, ¿qué te pasa?

—Te pusiste del lado de ellos. ¡Yo soy tu esposa, y tú te pusiste de su lado!

Ni siquiera me había dado cuenta de que había lados que tomar en esa situación. Era una conversación casual, y estaba bastante seguro de que Pam ya había sido víctima de las bromas de sus hermanos. Ellos no la estaban rechazando; simplemente estaban tratando de averiguar cómo era tener una hermana mayor que ahora estaba casada. Al parecer, yo debí haberme levantado de mi silla y haberles dicho: "Nunca permitiré que vuelvan a hablarle así a Pam. Yo soy su esposo y soy una barrera impenetrable que protege su corazón. ¡No lo vuelvan a hacer o sufrirán las consecuencias!".

Era la primera vez que tenía una conversación con Pam que consideraba irracional. No parecía haber un verdadero problema y no parecía haber una manera de tener un diálogo racional. Si defendía a sus hermanos, la haría enojar más. Pero no quería apoyar a Pam porque no pensaba que tuviera la razón. Al mirar atrás, me doy cuenta de que ella necesitaba saber que era más importante para mí que cualquier otra persona. Era una necesidad puramente emocional saber que yo la valoraba. Ahora lo sé, pero no lo sabía entonces. Hice mi máximo esfuerzo por tranquilizarla, pero terminé el viaje con el pensamiento de que no habíamos resuelto nada.

Dado que era un asunto de ella con sus hermanos, supuse que no volvería a casa con nosotros. ¡Qué ingenuo! Estábamos sentados en nuestra sala una noche, y dije algo que al parecer ofendió a Pam. Entonces se levantó del sillón, me gritó: "Ya no me amas", y corrió a nuestra habitación. Me quedé atónito y sin palabras al ver que cerraba la puerta de un golpe detrás de ella. Esperé en la sala para ver si se tranquilizaba y volvía para hablar. Después de algunos minutos, fue evidente que Pam no saldría de la habitación, así que decidí arriesgarme a entrar. La encontré en la cama, boca abajo, llorando.

¡Vaya, mi padre nunca me había hablado de esto!

No estaba seguro de lo que había dicho, pero parecía ser una importante transgresión del principio de "ama a tu esposa". Hice lo que pude para tranquilizar a Pam. Le dije: "Te amo" numerosas veces, con la esperanza de ablandar su resistencia. Supuse que debí haber hecho algo mal, así que hice lo máximo por averiguarlo. Sea lo que sea que haya sido nunca afloró, pero finalmente los ánimos se calmaron.

En ese entonces, no sabía que el problema era la *seguridad*. Pam necesitaba saber que estaba segura conmigo, que la amaría cuando fuera coherente y cuando no lo fuera. Ella necesitaba saber que entablaría conversaciones intelectuales con ella y que la amaría a pesar de sus interacciones irrazonables.

Si en ese entonces hubiera sabido lo que ahora sé, simplemente le hubiera dicho a Pam una y otra vez que podía estar segura conmigo. La hubiera mirado a los ojos y se lo hubiera dicho hasta que me creyera.

No lo has superado

Me encantaría decirte que Pam ha superado su necesidad de seguridad, pero te estaría engañando. La necesidad se ha vuelto menos intensa a medida que Pam ha madurado, pero sigue aflorando periódicamente. Por ejemplo, hace poco tuvimos esta conversación sobre un proyecto que estoy escribiendo.

—Pam, voy a reunirme con Tomás para diseñar un plan para lanzar el 'proyecto Presta Atención'.

—¿Por qué vas a hacer eso con Tomás? —preguntó Pam.

Tomás ha sido un amigo de confianza por muchos años, de modo que el tono de voz de Pam me sorprendió.

—Él entiende la idea y hace mucho que viene mostrando un gran entusiasmo en el proyecto —le dije.

Todo lo que recibí de Pam fue silencio. La conversación verbal se terminó, pero el lenguaje corporal siguió enviando mensajes de descontento. Esto siguió hasta el día siguiente, cuando finalmente tuvimos una verdadera conversación.

—Bill, ¿viste la difícil conversación que tuvimos ayer? ¿Quieres saber la razón?

—¡Seguro, me encantaría. Gracias por querer contármelo! (Con lo cual quería decir: "¡Por favor, sí, porque sé que voy a tener que seguir pagando por eso si no sé qué pasó, y estamos en un crucero y quisiera volver a tener sexo mientras estamos de vacaciones!").

—Cuando dijiste que ibas a trabajar con Tomás, me ofendí. Pensé que eso significaba que no querías trabajar conmigo. Me puse un poco celosa. Sé que solo era mi inseguridad y que no tengo que sentirme amenazada. Confío en ti y en verdad aprecio a Tomás. Estoy realmente entusiasmada por ver lo que sucederá con este proyecto.

Sabemos bien sobre la necesidad, pero esta todavía existe. Conocer el código nos ofrece atajos para entrar al corazón del otro. Las pequeñas diferencias no se agravan hasta el punto de una guerra total. Los problemas se resuelven más rápido y con mayor intimidad. Y surgen menos conflictos, ya que hacemos el esfuerzo convenido de suplir la necesidad de seguridad y éxito de cada uno.

También recuerdo (Pam) la primera vez que me di cuenta de que Bill veía la vida y el amor a través de los lentes del éxito. Hacía un año que estábamos casados, y Bill se estaba comportando diferente cuando regresaba del trabajo. Estaba en silencio y se enojaba por pequeñas cosas, como algo que se derramaba en la cocina o cuentas que había que pagar. Pensé que pasaría, pero duró más de lo que pensé que era bueno, de modo que le pregunté:

—Bill, ¿qué está pasando? No pareces tú.

—No creo que pueda seguir haciendo esto —dijo precipitadamente.

Mis temores afloraron a la superficie.

—¿Qué quieres decir con que no puedes seguir haciendo esto? ¿A qué te refieres con 'esto'? ('Esto' podía ser: este horario de trabajo, este apartamento, este empleo, ¡este matrimonio!).

—No creo que pueda seguir en este empleo. En mi corazón, no quiero otra cosa que estar dedicado a tiempo completo al ministerio. Necesito encontrar una salida a esto, pero me pone nervioso preguntarte qué piensas porque significará un gran sacrificio.

—¿Esto se trata solo de tu empleo? Si quieres seguir otra carrera, yo no tengo problema —dije con alivio en mi voz.

—¿Estás segura? Significará volver a ir a la universidad y comer perritos calientes y frijoles todo el tiempo.

Aquella noche le dije a Bill que estaba más que dispuesta a hacer el sacrificio que fuera necesario para ayudarle a alcanzar sus metas. En ese momento, no tenía idea de cuán grande sería la incidencia de mi apoyo en la vida de Bill. Su nivel de energía aumentó inmediatamente. En pocas semanas, elaboró un plan para ahorrar dinero durante seis meses, empezó a ofrecer servicios de dibujo de planos por cuenta propia para pagar las cuentas y se registró en la universidad para terminar sus dos últimos años de estudios. Trabajaba más que nunca, pero nunca lo había visto levantarme tanto el ánimo. Al parecer pensaba que yo estaba más bonita y que era más espiritual y más digna de confianza. Yo sabía que estaba sucediendo algo importante en la vida de Bill, aunque en ese momento no podía puntualizarlo como su intensa necesidad de tener éxito.

Pensé que probablemente solo se trataba de un asunto de trabajo, hasta que su necesidad empezó a aflorar en otras áreas. Noté que Bill pasaba horas trabajando en un proyecto, porque tenía que terminarlo y tenía que quedar bien. Un año incluso me hizo un joyero con cajoncitos pequeños y puertitas de vidrio. Se había pasado cinco días en el taller de mi abuelo para terminarlo. Valoré su gesto de amor, pero me sorprendió que pudiera pasar tanto tiempo en un proyecto mientras estábamos de vacaciones.

Después empecé a notar que Bill estaba muy sensible hacia mis críticas. Otras personas podían señalarle áreas que debía cambiar, y él lo aceptaba amablemente. Pero si yo le hacía la misma observación, se enojaba o no me hablaba por algunas horas. Todo me parecía ridículo al principio, pero llegué a darme cuenta de que Bill había sido diseñado para tener éxito en las relaciones y en su ocupación, y cuando tiene éxito, es mucho más fácil convivir con él.

Así como no superé mi necesidad de estar segura, Bill tampoco superó su necesidad de tener éxito.

Bill acaba de pasar por una importante transición. Después de servir en la iglesia local por veinte años, recientemente aceptó el reto de dedicarse a tiempo completo a predicar en iglesias y conferencias, y a escribir. Mientras servía en la iglesia, disfrutaba de las relaciones prolongadas, donde semana a semana observaba el progreso en la vida de las personas. Ahora ve los cambios rápidos que suceden en la vida de otros, en el curso de una semana o un fin de semana, y después se marcha hacia otro lugar.

Sé que él lo está disfrutando, pero también lo veo luchar para tener éxito en este nuevo ministerio. Sus instintos para la iglesia local funcionaron bien; sus instintos para el trabajo independiente no están tan desarrollados. Su curva de aprendizaje es muy alta, y su molestia por el proceso del ministerio itinerante es obvia para mí. Lo está manejando mejor que si lo hubiera hecho al principio de nuestro matrimonio, pero cada día tiene que controlar su ansiedad. Es sumamente talentoso como "pastor de pastores" y como "experto en matrimonio y relaciones". Pero el aspecto empresarial de este nuevo estilo de vida a tiempo completo tiene algunos nuevos objetivos y metas, que a veces Bill percibe como obstáculos para el éxito.

Sé que es una gran lucha para él, porque se ofende fácilmente y tiene que disculparse más de lo acostumbrado. Se pasa largas horas en su oficina para tratar de adaptarse al proceso de la vida en las carreteras. Me hace muchas preguntas sobre cómo vivir este estilo de vida, donde los aeropuertos y las habitaciones de hotel componen gran parte de nuestra agenda, y le molesta cuando le doy respuestas demasiado breves. También le molesta cuando le doy respuestas demasiado largas. Me dijo que se siente un tonto y que le da vergüenza incluso tener que preguntar.

Es confuso tratar de comprenderlo en este momento, porque esta necesidad es muy fuerte. Sé por experiencia que llegará el tiempo en el que sabrá cómo hacer que esta nueva vida funcione y que volverá a ser el hombre que conozco y amo. El solo hecho de saber que, por estar en la curva de aprendizaje del éxito, Bill está más sensible o más enfocado me da más paciencia y gracia en mi relación con él, en esta etapa transitoria de nuestro amor. Para mí, saber esto es como tener la llave del corazón de Bill. Por ahora, atravesaremos juntos este proceso, y trataré de no ser demasiado crítica o de no tomarme las cosas demasiado personalmente.

Muy pocas parejas tienen la capacidad natural de decirse uno al otro: "Creo que no he podido aplicar los nombres de usuario y las contraseñas necesarias para que nuestra relación funcione"; pero casi todas las parejas pueden darse cuenta cuando no están en armonía.

- "Estoy confundido/a".
- "Esto me pone nervioso/a".
- "No entiendo".
- "Estoy frustrado/a".
- "No sé qué hacer para complacerte".
- "Me siento solo/a".
- "No sé cómo hablarte".
- "Me haces enojar mucho".
- "¿Qué está pasando aquí?"
- "Realmente no me agradas en este momento".

Estos mensajes no son el problema; simplemente lo señalan. Muchas parejas se distraen con estas afirmaciones. Tratan de calmar su enojo o ajustar sus expectativas, en vano. Modificar la conducta ayuda en la mayoría de las demás relaciones, pero el matrimonio funciona en un plano diferente. El matrimonio es la única relación que incluye intimidad en todas las áreas de la vida. Tu cónyuge es la única persona de la tierra con quien compartes tu corazón, tu dinero, tu cuerpo, tu calendario, tus decisiones y tus temores. La clave para recuperar la armonía es usar tu lenguaje secreto que abre el candado de tu amor.

¡Camina sobre la línea!

La naturaleza exclusiva del matrimonio crea una dinámica fascinante. Las necesidades clave del *éxito* y la *seguridad* pueden activarse rápidamente. Una esposa puede sentirse instantáneamente segura o puede sentirse instantáneamente insegura. De la misma manera, un esposo puede sentirse de repente exitoso o de repente un fracasado.

Es como si en tu matrimonio actuaras alrededor de una línea de confianza. Cuando tu necesidad clave es satisfecha, estás sobre la línea, y *todo* parece funcionar bien. Te sientes a gusto en la relación, te resulta fácil perdonar y darle a tu cónyuge el beneficio de la duda, y el romance es gratificante.

Cuando tu necesidad clave se ve amenazada, te mueves por debajo de la línea, y *todo* parece ser un problema. La relación es difícil, y la mayoría de las discusiones se convierten en una pelea. Albergas pensamientos sobre las motivaciones mezquinas y egoístas de tu cónyuge, mientras luchas con el impulso de culparlo por tu insatisfacción.

La parte más extraña de esta dinámica es que puedes pasar de estar sobre la línea de confianza a estar debajo de ella, muy rápidamente. Una palabra, una acción, una mirada puede arruinar la atmósfera de tu relación y hacerte caer vertiginosamente por debajo de la línea. Pierdes la confianza temporalmente y te sientes herido en tus sentimientos. Del mismo modo, una palabra o acción puede elevarte y hacerte caminar sobre la línea, restablecer la confianza y normalizar la atmósfera de tu hogar.

En cuanto cruzas la línea, se produce un gran adelanto en tu relación, que forja recuerdos y aumenta tu confianza. Y tener antecedentes de caminar sobre la línea crea una zona de gracia neutral o segura. Los errores no se toman tan personalmente. Tu cónyuge piensa de un error como: "Bueno, ella/él tuvo buena intención" y te da el beneficio de la duda.

Tener un antecedente de usar la contraseña correcta mantiene la llave del corazón de tu cónyuge en funcionamiento por un tiempo, por lo general, suficientemente extenso para ajustar y buscar satisfacer las necesidades de seguridad y éxito de uno y otro. El objetivo es estar y caminar sobre la línea, y crear el antecedente de una relación de amor con tu cónyuge que camina sobre la línea.

Nuestra experiencia es que la mayoría de las parejas está a un paso de los grandes avances que harán que su matrimonio sea una sociedad muy divertida. Cada vez que activan en su amor el lenguaje secreto, se producen grandes avances. No puedes forzar esos grandes avances, porque implica un cambio de corazón tanto en ti como en tu cónyuge. Sin embargo, puedes colocar todos los elementos que hacen posible que se produzcan grandes avances en la relación. El resto de este libro explora los pasos prácticos que puedes dar para mantener tu nombre de usuario y contraseña al día y así tener acceso a una mejor experiencia de tu relación.

ABRE EL CANDADO DE TU AMOR

Cena y diálogo para una comunicación de corazón a corazón

En cada capítulo, les daremos un "ejercicio para la comunicación en la pareja", que es perfecto para poder tener un diálogo de corazón a corazón a la hora del café, la cena o el postre. También podrían decidir que salir a caminar para hablar, o conversar mientras están en el automóvil les ayuda a conectarse. Sea cual sea la manera de conversar que elijan, estas preguntas y actividades tienen el objetivo de ayudarles a adquirir un mayor aprecio uno por otro, para que la seguridad y el éxito puedan florecer en el hogar.

En un ambiente relajado, respondan estas preguntas (todavía no para solucionar problemas; ¡hoy es solo con el fin de halagarse!).

Pregunta de la esposa al esposo: ¿Qué cosas hago yo que te ayudan a sentirte más exitoso?

Pregunta del esposo a la esposa: ¿Qué cosas hago yo que te ayudan a sentirte más segura?

Esposa a esposo: En lo que va de nuestra relación, ¿en qué oportunidad te has sentido más exitoso?

Esposo a esposa: En lo que va de nuestra relación, ¿en qué oportunidad te has sentido más segura?

Esposa a esposo: Agradece a tu esposo por las cualidades y características de su vida que más valoras y colaboran a tu sentido de seguridad.

Esposo a esposa: Agradece a tu esposa por las cualidades y características de su vida que más valoras y colaboran a tu sentido del éxito.

■ ■ ■

Nuestras acciones y palabras pueden llevarnos a la desdicha muy rápidamente, como descubrió esta pareja:

> Un hombre y una mujer estaban regresando de una reunión social cuando un auto de la policía que los seguía encendió las luces.
>
> Mientras detenía el vehículo a un costado del camino, el esposo, que tenía antecedentes de una conducta dominante, le dijo severamente a su esposa:
>
> —Sigue mi ejemplo. Haz exactamente lo que yo te digo que hagas.
>
> El policía se acercó hasta la ventanilla del conductor y le pidió su licencia de conducir y la matrícula del auto. Después de revisar los documentos, le dijo:
>
> —Señor, ¿es consciente de que estuvo conduciendo a exceso de velocidad por un tiempo?
>
> —No, la verdad que no —dijo el hombre—. Mi velocímetro me indicaba que estaba conduciendo a la velocidad límite. Pregúntele a mi esposa; ella lo puede corroborar.
>
> El policía miró a la mujer y le preguntó:
>
> —¿Es verdad?
>
> —Oficial, nunca discuto con mi esposo cuando ha estado bebiendo —dijo ella sin titubear.

2

El misterio del amor

"El fruto del Espíritu es amor...".

"Buenos días, Sr. Phelps...". Estas palabras han inspirado a los espectadores de la TV y el cine durante tres generaciones. *Misión Imposible* salió al aire en 1966, como una serie cuya trama giraba alrededor de un grupo de espionaje que combatía la mafia y el crimen organizado. En 1988 resurge la serie televisiva y luego, a finales de la década de 1990, vuelve a surgir en forma de película. Cada película y cada episodio de TV empezaban con el mensaje de un jefe desconocido, quien le asignaba una misión secreta a Jim Phelps a través de una cinta que se autodestruiría. La misión era de vital importancia. La asignación estaba llena de peligro e intriga. La tarea parecía imposible, pero de alguna manera, el equipo de Misión Imposible siempre se las ingeniaba para llevarla a cabo. Imagina tu propia asignación de Misión Imposible en lo que respecta a las relaciones:

> Buenos días Sr. y Sra. de Hoy. *Su misión, si deciden aceptarla, es descubrir el misterio del amor.* Ustedes se casaron porque estaban buscando amor, compañerismo y alguien con quien recorrer el camino de la vida. Ya se habrán dado cuenta de que se casaron con alguien muy diferente a ustedes. Cada uno está hecho de una compleja mezcla de sabiduría y defectos, talentos e incongruencias. Su capacidad de admirarse y apreciarse el uno al otro es una de sus principales herramientas para cultivar una relación exitosa y segura. Su objetivo es interesarse uno en otro, de tal modo

que puedan caminar sobre la línea de confianza. Les deseamos lo mejor en el camino que recorran juntos.

El objetivo es que conduzcan su matrimonio por sobre la línea, donde puedan experimentar una relación segura y exitosa. Hemos identificado ocho principios diferentes, que pueden ayudarles a cultivar la seguridad y el éxito en su vida matrimonial:

- El misterio del amor
- El afecto
- La recreación
- Cómo resolver los conflictos
- La intimidad
- Se activan las alarmas
- Metas de oro
- Expresa tus sentimientos

Veremos estos principios uno a uno en los capítulos siguientes, y empezaremos en este capítulo con el misterio del amor.

EL MISTERIO DEL AMOR

El amor es un misterio que nos intriga a todos. Ustedes están fascinados el uno con el otro y viven con la esperanza de poder descubrir una relación que funcione. A veces es muy fácil estar con la persona que aman cuando se ríen juntos, planifican juntos, sueñan juntos y se aman. Otras veces se devanan los sesos buscando la manera de entenderse uno a otro. En ocasiones se sorprenden de cuánta armonía hay entre ustedes. Pero también se sorprenden de cuán intensos pueden ser sus conflictos.

El misterio existe porque se casaron con alguien muy diferente a ustedes. Al principio puede que hayan pensado que eran muy parecidos, pero desde entonces han descubierto que tienen una perspectiva diferente de la vida.

Aspectos importantes sobre los hombres

Como esposa hay cosas que necesitas saber sobre tu esposo si quieres que él sienta que puede tener éxito contigo. Estas son características que probablemente te atrajeron a él y te molestan al mismo tiempo. Son la esencia de lo que significa ser hombre, de modo que nunca las llegarás a entender por completo. Solo puedes aceptar que son ciertas.

(En nuestro exitoso libro, *Los hombres son como waffles, las mujeres como espaguetis*, vemos muchos de los aspectos diferentes entre los hombres y las mujeres, y cómo usar esas diferencias para beneficio del matrimonio. Desde que se publicó ese libro, hemos agregado más diferencias entre los hombres y las mujeres, algunas de las cuales están incluidas aquí).

Los hombres son sumamente emocionales, pero solo en lo que respecta a expresar sus emociones. Investigaciones actuales han revelado que los hombres son tan emocionales como las mujeres e incluso sienten el estrés de la familia a un nivel más profundo que las mujeres. Cuando una mujer se enoja por algo, su madre sabe que ella está enojada. Sus amigos saben que ella está enojada. ¡La empleada de la tienda sabe que ella está enojada! Por el otro lado, los hombres tienen una mayor tendencia a sobrecargarse con sus emociones (agobiados por su magnitud e intensidad), de modo que buscan escapar en vez de enfrentar el reto que tienen por delante.[1]

Los hombres buscan soluciones simples. Los hombres han sido creados con un alto nivel de capacidad para separar los problemas de la vida y enfocarse en uno a la vez. El cerebro del hombre ha sido físicamente diseñado con esta capacidad. En el útero, los altos niveles de testosterona hacen que se corten muchas de las conexiones entre los dos lados del cerebro. En consecuencia, cuando un hombre se enfoca en un problema, solo usa un lado de su cerebro. Podría usar el lado izquierdo como el derecho, pero solo usa un lado. A los hombres les resulta fácil decidirse por una solución y mantenerse fiel a esa decisión. Al mismo tiempo, es difícil para ellos seguir hablando de los problemas y se frustran cuando no se toma una decisión definida.

La vida es más arriesgada para los hombres que para las mujeres. Comienza en el útero, donde más varones que niñas se abortan espontáneamente. Se extiende a la niñez, cuando más varones que niñas mueren

1. "Psicólogos del 'Laboratorio del amor' de la Universidad de Seattle están usando la ciencia para descubrir la verdadera razón del éxito o el fracaso de los matrimonios", *New Age Journal*, septiembre/octubre 1994 (encontrado en http://www.holysmoke.org/fem/fem0430.htm).

en la infancia. Y sigue a lo largo de la vida, ya que los hombres son más propensos a las enfermedades dado que no tienen un cromosoma X adicional, que compense las deficiencias que podrían existir en el que tienen.[2] Si a esta fórmula le sumamos la naturaleza agresiva de la testosterona, es natural que los hombres corran más riesgos.

Los hombres pueden bloquear sus emociones para enfrentar una crisis. La capacidad del hombre de seccionar sus pensamientos le permite minimizar el componente emocional de una crisis y enfocarse en una manera más pragmática de superarla. El hombre puede razonar las cosas para encontrar una salida a la situación, sin dejarse dominar por las fuertes emociones que esta genera.

Los hombres se motivan en gran manera cuando creen que pueden tener éxito. Un hombre trabajará largas horas, hará hasta lo imposible e invertirá gran cantidad de tiempo y dinero en aquellas cosas que razonablemente cree que puede lograr con éxito. Los hombres se comprometen firmemente con su profesión a fin de suplir las necesidades de sus seres amados. Un esposo pasará mucho tiempo amando y conquistando a su esposa cuando concluye que su cortejo tendrá un resultado exitoso. Un padre hará lo que sea para animar a sus hijos y darles la oportunidad de crecer cuando cree que sus esfuerzos serán respetados y recibirán respuesta. Esto forma una parte tan importante de la identidad de un hombre, que le cuesta mucho mantener la motivación en cualquier área de la vida en la cual concluye que no puede tener éxito.

---

2. "En lo que atañe a las enfermedades hereditarias e infecciones infantiles, la respuesta parece estar en los 23 pares de cromosomas, donde la presencia o ausencia del cromosoma Y determina el sexo de una persona. A diferencia del cromosoma Y, que es portador de poca o ninguna información genética y cuyo único efecto positivo es originar la masculinidad, el gran cromosoma X, contiene mucha información sobre cómo nos desarrollamos. Por ejemplo, sus instrucciones pueden afectar el color de los ojos, la composición de la sangre y la textura de la piel. A veces, el cromosoma X es defectuoso: podría contener muy poca información para que cierta parte del cuerpo se desarrolle adecuadamente, o tal vez el mensaje sea confuso. Cuando eso sucede, todo está perdido para el varón. Él solo tiene un cromosoma X, y si es defectuoso, algunos aspectos de su desarrollo necesariamente serán defectuosos. Su cuerpo no tiene otra opción que obedecer las instrucciones defectuosas de su único cromosoma X y, en consecuencia, nace con alguna anormalidad. Pero las niñas tienen un segundo cromosoma X, que es portador de una doble información, y mientras este no esté dañado de la misma manera, podrá suministrar la información relevante de la manera correcta y de ese modo cancelar los efectos del cromosoma defectuoso", John Nicholson, *Men and Women: How Different Are They?* (Walton Street, Oxford: Oxford University Press, 1984), pp. 47-48.

Aspectos importantes sobre las mujeres

Las mujeres son buenas conversadoras. La parte del cerebro de las mujeres que controla el habla es más grande que la del hombre. Desde los primeros días de su vida, la mujer descubre que la conversación es una herramienta muy eficaz. Ella usa sus palabras para hacer amigos. Se conecta con sus padres por medio de sus palabras. Alivia el estrés con palabras. Ha sido físicamente diseñada para llenar su vida con palabras y se siente valorada cuando los demás consideran importantes sus palabras.

Las mujeres tienen mayor capacidad que los hombres para hacer muchas cosas al mismo tiempo. Las múltiples conexiones entre los dos lados del cerebro femenino le dan la capacidad de unir varios asuntos de la vida en un flujo de información integrado. Ella puede relacionar veintinueve asuntos intelectuales, emocionales, espirituales y sociales sin mucho esfuerzo. Ni siquiera "trata" de relacionarlos; le sale naturalmente.

Las mujeres se sorprenden menos ante los cambios, que los hombres. La vida es más compleja para las mujeres debido a que sus hormonas están en constante inestabilidad. Empieza con la menstruación y su miserable prima, el síndrome premenstrual. Mientras hacía investigaciones para mi libro *10 Secrets to Living Smart, Savvy, and Strong* [10 Secretos para una vida sabia, práctica y fuerte], descubrí que estas hormonas hacen la transición a la menopausia causando casi cien síntomas en los años más productivos de una mujer. Justo cuando declina el síndrome premenstrual, ¡llega la menopausia!

Las mujeres son más activas que los hombres en plantear problemas en el matrimonio. No quiere decir que las mujeres son mejores para plantear problemas, sino que reaccionan más rápido. Muchas veces una mujer ni siquiera sabe cuál es el conflicto; simplemente puede sentir que hay uno. Sus instintos le dicen que algo no está bien. Su intuición le grita desde el fondo de su ser que algo debe cambiar. En respuesta, ella lo hace notar. Muchos esposos piensan equivocadamente que ella debe saber cuál es el problema, porque está hablando con mucha contundencia cuando, en realidad, puede que no sepa mucho más que el hombre. Por eso, muchos problemas quedan sin solución en la pareja promedio. Ella plantea el problema. Él reacciona al contenido de su preocupación, lo cual no es realmente el problema. Y discuten sin identificar el problema planteado, de modo que no surgen verdaderas soluciones.

Las mujeres tienen un mayor sentido de la urgencia sobre las necesidades de la familia. Desde el primer momento, las madres sueñan con el futuro de sus hijos, y con el cónyuge y los hijos que algún día tendrán. Sienten cómo las acciones de hoy afectan el desarrollo futuro de sus hijos. Como consecuencia, hasta lo más insignificante puede parecer un gran problema debido a su potencialidad a largo plazo. Por esta razón, las mujeres a menudo tienen reacciones urgentes a situaciones que toman por sorpresa a sus seres amados.

Hace poco (Bill) estaba en una reunión de trabajo con un grupo de mujeres que planificaban una actividad. Yo supervisaba el presupuesto, y el esposo de una de las mujeres de la reunión ofrecía el trabajo audiovisual. Mencioné que todavía no había recibido la cotización de ese trabajo y que no podía terminar el presupuesto. Luego dije que, cuando terminara la reunión, iba a llamar al hombre para pedirle la cotización y que les enviaría a todas un correo electrónico con el presupuesto, tan pronto como lo tuviera listo. En una reunión de hombres, todos hubieran dicho: "Perfecto, mándanos el presupuesto tan pronto lo tengas listo".

Pero no estaba en una reunión de hombres. La esposa de aquel hombre inmediatamente sacó su teléfono celular y llamó a su esposo. "Bill necesita terminar el presupuesto. Necesita nuestra cotización ya. No, no puede esperar. Solo falta tu cotización".

Yo trataba de decirles a todas que no había apuro y que después de la reunión yo lo llamaría. Sin embargo, mis esfuerzos fueron en vano. La urgencia era tan frenética que tuve salir de la reunión, llamar al proveedor de audio y video, y terminar el presupuesto. ¡Fue un buen recordatorio de que Dios hizo a las mujeres muy diferentes a mí![3]

Momento decodificador: Haz un alto y toma un momento para hablar de las diferencias de sexo que más aprecias en tu pareja.

---

3. Para mayor información sobre las diferencias entre los géneros, ver Bill y Pam Farrel, *Men Are Like Waffles—Women Are Like Spaghetti* [*Los hombres son como waffles, las mujeres como espaguetis*] (Eugene, OR: Harvest House Publishers, 2001), pp. 11-14. Publicado en español por Casa Bautista de Publicaciones.

¡Asombroso!

Estas diferencias se deben a los niveles de estrógenos y testosterona del cuerpo. Desde luego que, al madurar, has aprendido a adaptarte a la vida a fin de no estar a merced de tus hormonas, pero estas nunca cambiarán. Tienes todos los beneficios y las obligaciones propias de tu sexo. Por consiguiente, siempre estarán fascinados el uno con el otro y nunca se llegarán a entender por completo. Son tan diferentes, que siempre te desconcertarán las decisiones que tu cónyuge tome, su manera de responder a las cosas y las preferencias de su corazón.

Estas diferencias le aportan un gran potencial a la relación, porque tu cónyuge trae a tu vida lo que tú no tienes. Al mismo tiempo, estas diferencias producen un gran estrés, porque debes adaptarte a un enfoque de la vida que nunca tendrías en tu propia vida.

Ustedes se casaron porque están fascinados el uno con el otro. Por esta razón, tu cónyuge tiene más influencia sobre ti que ninguna otra persona. De hecho, tu cónyuge tiene el poder de afectarte como nadie en el mundo podría hacerlo.

Considera si has tenido algunas de las siguientes respuestas para con tu esposa:

- Ella te sonríe, y tú te ablandas instantáneamente.
- Ella te coquetea, y de repente te sientes más joven.
- Ella pone sus manos sobre tus hombros para acariciarte suavemente la espalda, y cada músculo de tu cuerpo siente un hormigueo.

O bien:

- Ella te hace "esa mirada", y se te enfría la sangre.
- Ella te dice que debes hacerte cargo de un problema en tu hogar, e instantáneamente te ofendes.
- Ella te hace comentarios sobre una decisión que tomaste, y tú te sales de las casillas.
- Ella se ríe de ti en público, y rápidamente concluyes que no tiene respeto por ti.
- Ella te fastidia por cosas que quiere, y tú estallas con quejas y palabras contra ella.

Considera si has tenido algunas de las siguientes respuestas para con tu esposo:

- Él te da un abrazo, y tú te derrites en sus brazos.
- Él te hace un regalo romántico, y de repente toda la vida se llena de brillo y sol.
- Él te llama solo para saludarte, y todo parece más fácil durante el resto del día.

O bien:

- Él se olvida de hacer un mandado que le pediste, y te sientes personalmente ofendida y menospreciada.
- Él te critica por un detalle de la casa insignificante y te arruina el día.
- Él te levanta la voz, y te pones a la defensiva.
- Él te dice que eres dominante, y tú te sacas de quicio.
- Él se ríe de ti, y tú te enojas porque piensas que menosprecia todo cuanto tenga que ver contigo.

La opción

La intensa influencia que cada uno tiene sobre el otro genera una atmósfera susceptible en el hogar. Por momentos, pasa de la felicidad al frenetismo y la irritabilidad. Una mirada, un comentario, una acción pueden alterar el clima de la relación, ya sea para bien o para mal. Hay algunos pasos que pueden ser de ayuda para utilizar la influencia dinámica que cada uno tiene en el otro para beneficio propio.

Paso 1: Acepta las diferencias que hay entre ustedes. Cuando se proponen entenderse uno a otro, es muy probable que se sientan frustrados y confundidos. Los hombres nunca entenderán a las mujeres, porque ellos nunca experimentan los cambios constantes y las urgencias persistentes que dominan la vida de una mujer. De la misma manera, las mujeres nunca entenderán la vida dinámica y riesgosa que cada día enfrentan los hombres. Por otro lado, cuando los cónyuges buscan aceptarse uno a otro, pueden entender mejor la vida del otro cada semana que pasan juntos. Nunca llegarán a entenderse por completo, pero con el tiempo experimentarán una relación más profunda y enriquecedora.

Paso 2: Ocúpate de tu actitud. Tus reacciones hacia tu cónyuge generan al menos la mitad de la atmósfera de tu relación. Decimos "al menos la mitad", porque cada relación íntima es una combinación de acciones y reacciones. Cuando tienes una actitud negativa, tu cónyuge tiene que decidir cómo responder. Si responde negativamente, la tensión se multiplica. Si responde positivamente, podría haber paz por un tiempo. En la mayoría de los casos, una respuesta negativa produce una respuesta negativa, de tal manera que la irritación en el hogar tiende a agravarse. La forma de minimizar una actitud negativa es con una actitud positiva.

¡Eres la única persona de la tierra que puedes ser tú mismo/a!

Tu propia influencia

Considera la influencia en tu propia vida:

- Eres la única persona que puede determinar tu actitud.
- Eres la única persona que conoce los pensamientos que se te cruzan por la cabeza.
- Eres la única persona que experimenta toda la gama de emociones que surgen en tu corazón.
- Eres la única persona que puede ser un esposo para tu esposa o una esposa para tu esposo.
- Eres la única persona que puede ser un padre o una madre para tus hijos.
- ¡Eres la única persona de la tierra que puedes ser tú mismo/a!

El problema es que eres una persona complicada.

- Puedes ser la persona más dura con aquellos que más amas.
- Guardas tu corazón de aquella persona con la que más cerca quieres estar.
- Criticas a aquella persona que una vez cautivó tu imaginación.
- Te alejas de aquella persona con la que deberías estar.
- Tienes miedo y valor al mismo tiempo.

Demasiadas veces, en lugar de integrarnos a las inclinaciones y preferencias naturales del sexo de nuestro cónyuge, nos quejamos y peleamos contra el plan creativo de Dios.

Paso 3: Motívense uno a otro. Entender cómo funciona el hombre y la mujer les permitirá actuar más libremente y motivarse uno a otro con más facilidad. El nivel de energía de un hombre aumenta cuando se siente seguro de poder alcanzar el éxito, cuando se siente un héroe, cuando tiene bastante certeza de que tendrá actividad sexual en un futuro cercano y cuando su vida es relativamente simple. Por el contrario, su nivel de energía disminuye cuando piensa que no puede tener éxito por mucho que lo intente, cuando su actividad sexual se ve amenazada y cuando la vida se vuelve más complicada que su capacidad de procesarla.

El nivel de energía de un hombre aumenta cuando se siente seguro de poder alcanzar el éxito.

Motiva a tu esposo

Por consiguiente, una esposa puede motivar a su esposo si:

- Lo elogia con sinceridad y regularidad.
- Le coquetea.
- Incluye en su agenda la actividad sexual, de tal manera que prepara deliberadamente la atmósfera.
- Lo ayuda a saber cuándo se trata solo de una conversación o cuándo se trata de tomar una decisión o buscar la solución de un problema.
- Hace algo para simplificar la vida de su esposo.

Motiva a tu esposa

El nivel de energía de una mujer aumenta cuando se siente valorada por quién es ella y por lo que contribuye a la vida de aquellos que son importantes para ella. Es sumamente productiva si siente que se está moviendo en un ambiente seguro. Es excelente para encontrarle relación a las cosas, y habitualmente todo se vuelve un tanto apremiante. Ella es consciente de las manías, el mal humor y los errores de su esposo. Y siente que esas cosas afectarán sus amistades, su confianza y su agenda. Si tiene hijos, conoce sus horarios, sus necesidades, sus gustos, su progreso académico y su capacidad de interactuar satisfactoriamente en un entorno social. En su corazón, ella carga con la responsabilidad de asegurarse de que todos amen a Dios en su familia, que descubran sus fortalezas y tengan amigos.

En pocas palabras, ella lleva el peso de la vida sobre sus hombros. Preferiría que no fuera así, pero parece que no puede dejar de percibir que la vida es una historia interconectada y que cada escena requiere de su atención. En consecuencia, puede sentirse bastante insignificante en la lucha por cumplir con las crecientes expectativas y los retos diarios. Ella anhela saber que es importante y que su vida influye a aquellos que ama.

El nivel de energía de una mujer aumenta cuando se siente valorada por quién es ella.

Un esposo puede motivar a su esposa al:

- Escucharla fascinado.
- Notar cuando pasa a su lado, cuando se cambia de ropa, cuando se arregla el cabello, cuando se despierta.
- Agradecerle por las cosas que ha hecho durante el día.
- Elogiarla por algo: por cómo se ve, por cómo trabaja, por cómo cuida de él y de la familia.
- Descubrir su lenguaje del amor y procurar hablar ese lenguaje.[4]
- Pasar tiempo con ella: caminar y hablar, compartir una taza de café, acompañarla a hacer mandados sin quejarse.
- Suplir sus necesidades básicas (comida, techo, amor, amistad), de tal modo que se sienta segura y protegida.

Vive la diferencia

Perdemos mucho tiempo y energía cuando nos quejamos de diferencias que ni siquiera podemos cambiar. Sin duda alguna, todos necesitamos crecer y madurar para poder ser una mejor versión de nosotros mismos con cada año que pasa, pero no hay manera de cambiar las necesidades básicas del hombre y la mujer.

Por ejemplo, un estudio revela que cuando un hombre come, se estimula la parte de su cerebro que lo hace sentir más feliz. Cuando una mujer come, se estimula la parte de su cerebro que agudiza su vista.

4. Para mayor información, ver Gary D. Chapman, *Los cinco lenguajes del amor* (Miami: Editorial Unilit, 1996).